Amicus Illustrated is published by Amicus
P.O. Box 1329, Mankato, MN 56002
www.amicuspublishing.us

This library-bound edition is reprinted by arrangement with
Chronicle Books LLC, 680 Second Street, San Francisco, California 94107.

First published in the United States in 2004 by Chronicle Books LLC.

Adaptation © 1996 by Francesc Boada
Illustrations © 1996 by José Luis Merino
Spanish/English text © 2004 by Chronicle Books LLC.
Originally published in Catalan in 1996 by La Galera, S.A. Editorial.
All rights reserved.

Bilingual version supervised by SUR Editorial Group, Inc.
Book design by Jessica Dacher.
Typeset in Weiss and Handle Old Style.

Library of Congress Cataloging-in-Publication Data
Boada, Francesc.
  Puss in boots = El gato con botas / adaptation by Francesc Boada ; illustrated by José Luis Merino.
      pages cm. — (Bilingual fairy tales)
  Originally published in Catalan in 1996 by La Galera, S.A.U. Editorial under title: El gat amb botes.
  Summary: "A clever cat wins for his master a fortune and the hand of a princess"— Provided by publisher.
  ISBN 978-1-60753-358-0 (library binding)
  [1. Fairy tales. 2. Folklore—France. 3. Spanish language materials—Bilingual.] I. Merino, José Luis,
illustrator. II. Title. III. Title: Gato con botas.
  PZ74.B43 2014
  398.2—dc23
  [E]   2012043657

Printed in the United States of America at Corporate Graphics Inc, North Mankato, Minnesota.
1-2013/PO1155
10 9 8 7 6 5 4 3 2 1

Puss in Boots

El gato con botas

ADAPTATION BY FRANCESC BOADA
ILLUSTRATED BY JOSÉ LUIS MERINO

Once upon a time, there was a miller who died and left the little that he owned to his three sons. To the eldest he left his mill, to the second his donkey and to the youngest his cat.

Upon seeing his small inheritance, the youngest son lamented, "My brothers will be able to earn a living, but what am I going to do with just a cat?"

"Don't worry, Master," said the cat. "Just give me a pair of boots and a bag."

The youngest son could see that this was a clever cat, so he gave him what he asked for.

Había una vez un molinero que al morir dejó lo poco que tenía a sus tres hijos. Al hijo mayor le dejó el molino; al del medio, el asno; y al menor, el gato.

El hijo pequeño se lamentó al ver su miserable herencia:

—Mis hermanos podrán ganarse la vida. ¿Pero qué hago yo ahora con un gato?

—No te preocupes, amo —le dijo el gato—. Dame un par de buenas botas y un saco.

El hijo menor sabía que el gato era muy astuto, así que le dio lo que pedía.

The cat pulled on the boots, took the bag and went off to the woods to seek his master's fortune.

He filled the bag with bran and herbs, left it lying open on the ground and stretched out beside it as if he was asleep. In a short while, a young rabbit crawled into the bag to eat the herbs.

The cat jumped up and trapped the rabbit in the bag.

———

Con las botas puestas y el saco a cuestas, el gato se fue al bosque dispuesto a buscar fortuna para su amo.

Metió salvado y hierbas en el saco, lo dejó abierto en el suelo, y se acostó, haciéndose el dormido. Al poco rato, un conejito se metió en el saco para comerse la hierbas.

Pero el gato se levantó de un salto y atrapó al conejo en el saco.

With the bag over his shoulder, the cat marched off to see the king.

"Your majesty," said the cat, "my master, the Marquis of Carabas, offers you this rabbit, which he has caught just for you."

"Tell your master that his gift pleased me," said the king.

The cat repeated his trick in a wheat field and caught two partridges. These he also offered to the king as a gift from his master.

The cat continued bringing the king gifts from his master, and the king was more and more pleased and flattered.

Con el saco al hombro, el gato se fue muy decidido a ver al rey.

—Señor rey —le dijo—. Mi amo, el marqués de Carabás, quiere regalarle este conejo que acaba de cazar para usted.

—Dile al marqués que el regalo me gustó mucho —contestó el rey.

El gato repitió su hazaña en un trigal cazando dos perdices, y también se las llevó al rey de parte de su amo.

El gato siguió llevándole regalos al rey, de parte de su amo, y el rey se sentía siempre muy satisfecho y halagado.

One day the cat heard that the king and the princess were going to take a ride in their carriage. The cat ran to tell his master that if he wanted to become rich he had to do exactly as the cat said.

"What do I have to do?" his master asked.

"Go and bathe in the river," the cat replied. "Hide your clothes in the reeds."

His master obeyed. The cat kept watch, and when he saw the carriage he shouted, "Help! The Marquis of Carabas is drowning!"

The king immediately commanded his attendants to save the marquis.

Un día, el gato se enteró de que el rey y la princesa iban a dar un paseo en su carroza. El gato corrió a decirle a su amo que, si quería hacer fortuna, tenía que hacer de inmediato todo cuanto él le dijera.

—¿Qué tengo que hacer? —preguntó el amo.

—Ve a bañarte al río —contestó el gato—. Y esconde tus ropas.

El amo obedeció. El gato quedó a la espera y, cuando vio la carroza, empezó a gritar:

—¡Socorro! ¡El marqués de Carabás se está ahogando!

El rey ordenó inmediatamente que salvaran al marqués.

"Your Majesty!" the cat cried to the king, "while the marquis was bathing, some thieves stole his splendid suit of clothes!"

The king ordered his attendants to find the marquis the finest clothes.

Upon seeing the cat's master so handsomely dressed, the princess immediately fell in love with him. The king invited the marquis to ride with them in his carriage. The cat ran ahead of the carriage and said to some peasants who were mowing a meadow, "If you don't say that this meadow belongs to the Marquis of Carabas, I will bite you."

As the carriage passed the meadow, the king asked to whom it belonged.

"To the Marquis of Carabas," said the frightened peasants.

—¡Ay, señor rey! —dijo el gato—. Mientras el marqués se estaba bañando, unos ladrones le robaron su espléndido traje.

El rey ordenó a sus criados que buscaran el mejor traje para el marqués.

Al ver al amo del gato así vestido, la princesa se enamoró profundamente de él. El rey, por cortesía, lo invitó a que los acompañara en su carroza. El gato se adelantó a la carroza y dijo a unos campesinos que estaban segando un prado:

—Si no dicen que esta prado pertenece al marqués de Carabás, los morderé.

Al llegar al prado, el rey preguntó de quién eran esas tierras.

—Del marqués de Carabás —dijeron los campesinos asustados.

The cat once more ran ahead of the carriage and said to some peasants who were reaping wheat, "If you don't say that this field belongs to the Marquis of Carabas, I will bite you."

As the carriage passed the field, the king asked to whom it belonged.

"To the Marquis of Carabas," the frightened peasants replied.

The cat continued to run ahead of the carriage, warning everyone he met in a similar fashion. The king marveled at all the riches of the Marquis of Carabas.

Y el gato, siempre por delante de la carroza, hizo lo mismo con otro grupo de campesinos que estaban segando un trigal.

—Si no dicen que este trigal es del marqués de Carabás, los morderé —dijo.

En cuanto la carroza llegó al trigal, el rey preguntó de quién era.

—Del marqués de Carabás —contestaron todos asustados.

El gato, siempre por delate de la carroza, fue diciendo lo mismo a todos los que encontraba a su paso. El rey quedó maravillado por todas las riquezas que tenía el marqués de Carabás.

At last the cat came to the doors of a beautiful castle.

The owner, he was told, was an ogre with extraordinary powers, as rich as could be. All the lands the cat had just passed through belonged to him.

The cat asked to be allowed to pay his respects to the ogre.

Y, así, el gato llegó a las puertas de un hermoso castillo.

La gente del lugar le explicó que el amo del castillo era un ogro poderoso, el más rico que sea posible imaginar. Todas las tierras por las que acababan de pasar eran suyas.

El gato pidió permiso para saludar al ogro en señal de respeto.

When he was shown into the ogre's room, the cat bowed deeply and said, "Sir, they have told me you have the power to transform yourself into any animal you choose: a lion, an elephant—whatever you please."

"That's right!" snapped the ogre. "And I can prove it to you!"

And in the blink of an eye, the ogre changed himself into a lion. Terrified, the cat leaped up to the ceiling.

Cuando estuvo frente al ogro, el gato hizo una gran reverencia.

—Señor —dijo el gato—. Me han contado que usted es capaz de transformarse en cualquier animal: un león, un elefante… lo que sea.

—¡Así es! —exclamó el ogro—. ¡Y lo demostraré ya mismo!

Y, sin pensárselo dos veces, el ogro se convirtió en león. El gato, asustado, se trepó al tejado.

When the ogre had resumed his normal shape, the cat climbed down and said, "Your power is indeed astonishing. I've seen you change yourself into a large animal, but it still seems it would be impossible for you to become a small one—a mouse, let's say."

"Impossible? Nothing is impossible for me." And saying this, the ogre transformed himself into a tiny mouse.

The cat promptly pounced upon it and ate it up.

Cuando el ogro había recuperado su forma natural, el gato bajó del tejado y le dijo:

—Su poder me ha maravillado. Pero, aunque ya he visto que puede transformarse en un animal grande, me parece imposible que se pueda convertir en uno pequeño. Un ratón, por ejemplo.

—¿Imposible? Nada es imposible para mí.

Y, dichas estas palabras, el ogro se transformó en un pequeño ratón. El gato se lanzó sobre él y se lo devoró de un solo bocado.

Pleased with himself, the cat went out to meet the king's carriage.

"Welcome to the castle of my lord the Marquis of Carabas," he said.

"A truly magnificent castle!" exclaimed the king.

And in they went to marvel at the amazing castle, the king and the cat first, the princess following on the arm of the cat's master.

Contento con su hazaña, el gato salió a recibir la carroza del rey.

—Bienvenido al castillo del marqués de Carabás —dijo el gato.

—¡Magnífico castillo, señor marqués! —exclamó el rey.

Toda la comitiva, con el rey y el gato delante, y la princesa del brazo del amo del gato, entró para admirar el extraordinario castillo.

The cat ordered the servants to set out the banquet that the ogre had prepared.

The king was so impressed that he asked the marquis to marry his daughter.

The cat's master, who had now become once and for all the Marquis of Carabas, accepted with a deep bow.

The wedding took place that very day. The cat became a great lord and never ran after mice anymore, except for fun.

———

El gato ordenó a los criados del castillo que sirvieran el banquete que el ogro tenía preparado.

El rey quedó tan impresionado que le preguntó al marqués si quería casarse con su hija.

Con una gran reverencia, el amo del gato aceptó, convertido ya definitivamente en marqués de Carabás.

El casamiento se celebró ese mismo día. El gato se convirtió en un gran señor y sólo volvió a cazar ratones por diversión.

José Luis Merino was born in Barcelona, Spain, where he studied art. He worked in several advertising agencies and design studios, until he started his own graphic design firm in 1998. His illustrations have appeared in many magazines and newspapers in the United States and Europe. José Luis Merino has received numerous and important awards in competitions, such as those organized by *Communication Arts* and *American Illustration*.

José Luis Merino nació en Barcelona, España, donde cursó sus estudios de arte. Ha trabajado en varias agencias de publicidad y estudios de diseño. En 1998 fundó su actual estudio de diseño gráfico. Sus ilustraciones han aparecido en numerosas publicaciones de Estados Unidos y Europa. José Luis Merino ha recibido importantes premios en diversas competiciones, como las organizadas por *Communication Arts* y *American Illustration*.

Also in this series:

Cinderella ✦ Beauty and the Beast ✦ The Princess and the Pea
Puss in Boots ✦ Rapunzel ✦ Rumpelstiltskin

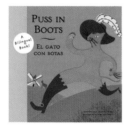

También en esta serie:

Cenicienta ✦ La bella y la bestia ✦ La princesa y el guisante
El gato con botas ✦ Rapunzel ✦ Rumpelstiltskin